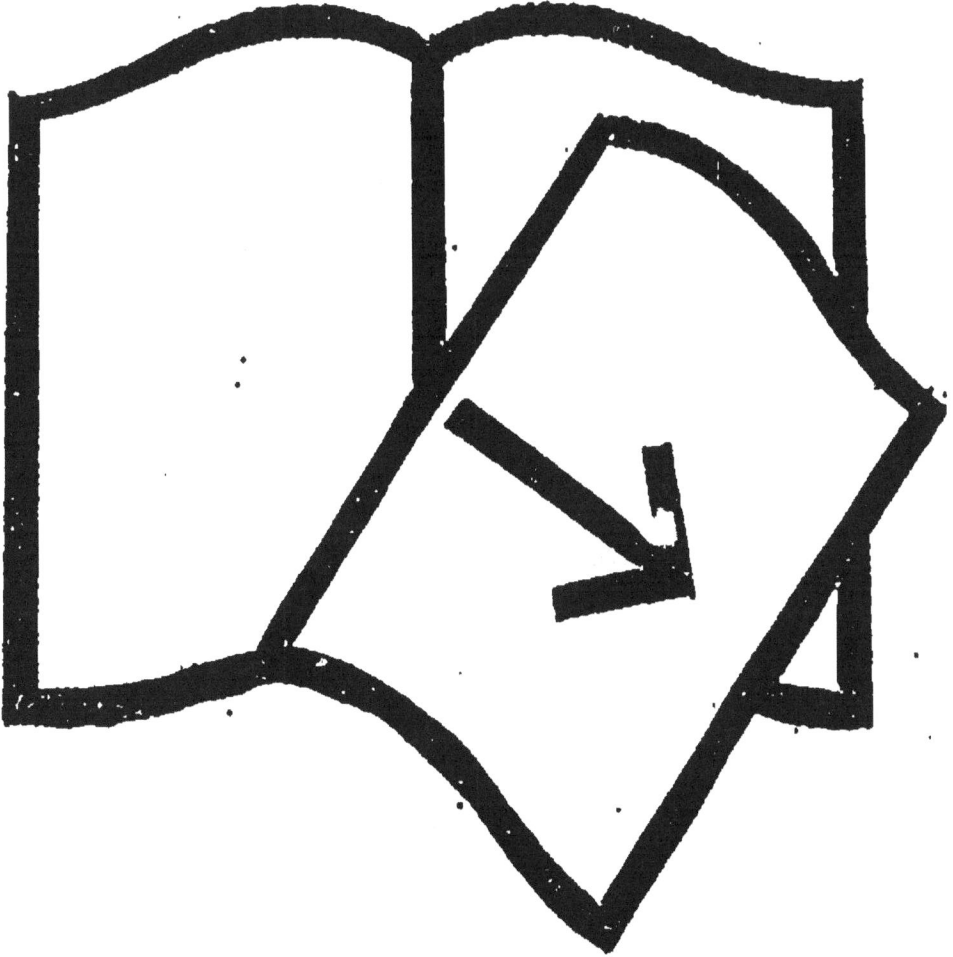

Couverture inférieure manquante

QUESTION SOCIALE

LE

DROIT AU TRAVAIL

ET

L'INTERNATIONALE

Adressé aux Ouvriers
Par un Citoyen des Etats-Unis.

MARSEILLE

LIBRAIRIE MARSEILLAISE
86, rue Paradis, 86.

1879

MARSEILLE. — TYP. E. JOUVE ET G^{ie},

36, rue Montgrand, 36.

LA QUESTION SOCIALE

Le libéralisme, la grande hérésie de notre époque, a dénaturé toutes les grandes questions en s'attaquant à tous les principes sur lesquels repose la société. Ce qui caractérise comme on sait cette école, c'est qu'elle met sur le même rang et donne théoriquement des droits égaux au bien et au mal ; en réalité et en pratique, elle n'accorde des droits qu'au mal, tandis que le bien n'est toléré que par convenance ou par nécessité.

Il s'ensuit que les idées et les enseignements faux ont prévalu, et les esprits façonnés dans un moule pétri de mensonge ont peine à comprendre la vérité, et surtout à admettre qu'elle seule devrait avoir tous les droits. Nous en voyons de tristes exemples en la personne de ces doctrinaires haineux qui parcourent la France, on peut dire en triomphateurs, semant partout sur leurs pas la discorde, la calomnie et l'impiété la plus révoltante. Sous prétexte d'éclairer l'ouvrier sur ses droits, ils prêchent une guerre impitoyable à tout ce qui fait la prospérité publique et privée ; à la classe aisée qui donne ses capitaux aux industries, et même au capital qui fait tout marcher et qui, seul, peut donner du pain à tous. Le libéralisme, qui a pour principe qu'il faut tolérer le mal, leur permet de dire que les ennemis de l'ouvrier, ce sont le patron, le capitaliste, le bourgeois, industriel ou négociant, et le capital, c'est-à-dire l'argent même. Où donc sont les amis du pauvre ouvrier, si tous ceux qui le nourrissent, le préservent de la misère, et lui donnent très souvent les moyens de devenir lui-même patron et capitaliste, sont ses pires ennemis ? A cela ils répondent que l'ouvrier a pour lui les droits de l'homme, des droits égaux à ceux de la classe aisée, des droits au travail, que sais-je encore? L'ouvrier les croit sur parole ; pas tous, il faut le reconnaître, mais un trop grand nombre d'entre eux acceptent ce fatras de non-sens, et poussent leur culte pour ces apôtres du mal jusqu'à dételer les chevaux de leur voiture de louage et la traîner à bras d'homme. Le libéralisme non-seulement regarde faire, mais se met doucement du côté des perturbateurs en chef, parce qu'il leur accorde le « droit » de semer la haine entre les diverses classes de la société, et de détruire l'union qui fait la force de tout peuple ! Pour se justifier devant l'histoire, les inventeurs de ce système ont inventé une excuse : ils disent qu'il y a une question sociale qu'il faut étudier, et ils font mine de l'étudier depuis cent ans, pour arriver à cette conclusion que le mensonge est fort respectable et mérite la protection de tous les gouvernements.

Le plus singulier de l'affaire, c'est que les libéraux qui se font remarquer par leur acharnement pour le maintien des doctrines subversives, sont des bourgeois, des citoyens, appartenant précisément à cette classe, déclarée par « les amis du peuple » l'ennemie de l'ouvrier ! Pauvres bourgeois libéraux qui travaillent à leur cercueil et creusent leur propre fosse !

Il est donc convenu que nous avons une question sociale, et que l'ouvrier a beaucoup de droits, surtout le droit au travail. Quant à la question sociale, je n'en disconviens pas : il y en eut toujours une en Europe, surtout depuis le jour où Luther s'est révolté contre l'Eglise, sa mère. Mais quant au droit au travail, c'est une autre affaire.

Ce qui intéresse le plus l'homme qui

travaille, paysan ou citadin, et même celui qui ne travaille pas, c'est d'avoir le pain quotidien, et de le manger en paix, assis à sa table, au milieu des siens. Voilà la question sociale résumée en un mot. Elle est sociale parce qu'il y a une société, et il y a une société parce qu'il y a un Dieu. Premiers principes que ni les libéraux ni leurs protégés néfastes ne semblent comprendre, ou, ce qui est beaucoup plus certain, qu'ils *comprennent*, mais qu'ils se gardent bien de dire à la foule.

Il y a une question, c'est à dire que les hommes d'Etat et leurs commettants libéraux se demandent : Comment faire ? Comment faire pour contenter, pour apaiser ce prolétariat, cette multitude de désœuvrés et d'indigents, devenus tels par leurs vices ou par le malheur, mais qui ont besoin de manger. Tout indigents qu'ils soient, ils sont membres de la grande famille nationale, même de la société en général.

Il y a eu toujours des pauvres ; il y en aura toujours, parce que ni les forces physiques, ni les qualités morales, ni les intelligences ne sont égales. Les paresseux, les faibles et les vicieux succombent dans la grande lutte et gisent, impuissants, sur le champ de cette bataille pour la vie, qui se renouvelle, pour chacun de nous, à l'aube de chaque jour. Ce sont les blessés; on passe dessus; personne n'en veut. Cependant il faut les relever. Qui fera cette besogne, et comment faut-il la faire ? Les libéraux et cette autre race qu'ils ont engendrée, et qui mène la France à l'heure présente, se demandent cela depuis bon nombre d'années et prétendent y avoir trouvé un remède efficace. La prétention seule y est.

Le prétendu remède, c'est l'impiété et la révolte. On dit à ces faibles, à ces paresseux, à tous ceux qui ne veulent ou ne peuvent travailler : « Vous avez droit au travail ; à bas les patrons ! à bas le capital ! » Le beau remède ! « A bas ceux qui donnent du travail!» Comme c'est intelligent et digne d'un grand peuple ! En attendant la disparition de tous les patrons et de tous les capitalistes, il faut que les malheureux mangent, et ils s'adressent à leur curé, à la sœur ou à quelque couvent de religieux, pour avoir le pain que les « amis du peuple » ne donnent point et ne donneront jamais. Entendez-vous ? JAMAIS. Alors le cri de guerre varie un peu, et : « A bas le prêtre ! à bas le Jésuite ! » retentissent dans nos rues. Les pauvres qui ont commis le crime d'avoir mangé du pain « clérical » sont arrêtés par la police, et les religieux menacés de je ne sais quelles rigueurs de la loi, pour avoir donné du pain, pour avoir soulagé des misères (1).

Aujourd'hui nous en sommes là, et la question sociale se dresse toujours. Mais naturellement, puisque les « amis du peuple » ne veulent pas que ce même peuple mange. C'est là tout leur amour, paraît-il. Cependant, ils vont toujours leur train, et les écailles ne sont pas encore tombées de tous les yeux. L'ouvrier valide, qui travaille, qui gagne de l'argent, parce qu'il a un patron qui a été ouvrier comme lui, cet ouvrier qui ne manque de rien, matériellement parlant, est venu grossir la foule, et il pousse les mêmes cris. Pourquoi cela ? Le rédacteur de son journal à un sou, qui vit du mécontentement du peuple et des plus basses passions du cœur humain, lui a dit qu'il faut faire comme cela pour être libre !

C'est vraiment très remarquable. Jamais peut-être cet ouvrier-là ne se demande de quel genre de liberté il voudrait jouir. Il sera patron, un de ces jours, et il pourra donner une bonne éducation à ses enfants,

(1) On se rappelle ce qui est arrivé à Lyon, il y a quelques mois, chez les PP. Dominicains.

s'il a soin de les envoyer chez les Frères.
Si c'est là l'avenir qu'il ambitionne, il
fait à présent tout son possible pour le
détruire. En se donnant à la Révolution,
par son vote, par son argent, par sa pré-
sence aux réunions, par ses sympathies et
son influence, il travaille très efficace-
ment à anéantir ses propres espérances
et celles de ses enfants. Ce qu'il lui faut
pour comprendre cela, c'est un peu de
réflexion et l'abandon de son journal
républicain. Une fois patron et capitaliste,
est-ce qu'il voudra donner du travail
à un ouvrier paresseux, ivrogne ou vicieux?
Je ne le pense pas. Cependant il fait écho
aux discours des orateurs républicains, et
s'en va criant que les ouvriers ivrognes et
vicieux ont aussi bon droit au travail que
les laborieux et les honnêtes! Au fond,
pourtant, il ne croit pas sincèrement à
cette doctrine; l'absurdité en est trop évidente, et il proteste un peu dans son for
intérieur, tout en continuant de donner
son vote et son argent au parti politique qui
l'a inscrite sur son drapeau. Voilà qui
est incompréhensible.

Mais la Révolution est assez rusée pour
s'apercevoir de cette situation absurde, et
elle essaye de concilier le patron et de
contenter les ivrognes, en proclamant la
doctrine de l'Etat-Patron. Il est clair

comme le jour que la Révolution, c'est-
à-dire l'esprit qui la dirige, compte
sur la bêtise de ses adhérents, car
de tous les prétendus remèdes inventés
jusqu'à aujourd'hui par les philanthropes
républicains, celui-là est, de beaucoup,
le plus ridicule et le plus impuissant.

L'État-Patron, c'est la ruine de toute
entreprise particulière. On en viendrait
sans doute au travail obligatoire, c'est-à-
dire à l'esclavage, si le système était
possible ; mais ce n'est qu'un leurre,
comme toutes les doctrines de la secte.

C'est cependant une logique implacable
qui a poussé ces fauteurs de désordre à
inventer l'État-Patron, car si l'on admet
le droit au travail d'une part, ce droit
implique l'obligation d'en fournir de la
part de quelqu'un ; et puisque les patrons
pourraient regimber, on a imaginé le
système d'ateliers nationaux. On voit que
le pivot en est le droit au travail. Or, ce
droit existe-t-il en réalité ?

I.

L'homme a-t-il des droits ?

En fait de droits, partout où l'on tourne les regards, on ne voit que des violations flagrantes des droits les plus sacrés : droits de Dieu, droits de la conscience, droits des pères de famille, droit de tester, droit de faire du bien, et quantités d'autres, tous méconnus, méprisés, étouffés.

Le droit au travail, s'il y en a un, n'est pas plus respecté que les autres, quoique ce soit une doctrine et un cri de ralliement de la Révolution qui est au pouvoir et peut tout en France en ce moment-ci. Les libéraux, dont la République est l'œuvre, et qui n'ont jamais cessé depuis un siècle de violer tous les droits et toutes les libertés qu'ils préconisent, prétendent que la première grande nécessité de toute société civilisée est de se trouver des occupations et de donner du travail aux ouvriers ; ils n'ont jamais cependant concédé la moindre petite loi pour régler et préciser le droit au travail, et cela parce que le libéralisme, ennemi

de tout principe et de toute vérité reli-
gieuse et politique. n'est pas et ne sera
jamais l'ami du peuple, ne peut pas et
ne veut pas faire son bonheur. Son but
est de créer des misères, en trompant le
peuple, afin de pousser le plus grand
nombre possible de victimes dans les
sociétés secrètes.

On a depuis dix ans, en France,
un système révolutionnaire disloqué,
qu'on appelle une République. Le nom
n'y fait rien, c'est une République, si
l'on veut, mais qu'a-t-elle fait pour le travail? A-t-elle organisé, rendu praticable
le droit au travail, par une bonne loi?
Citez les ouvriers qui s'en prévalent. Où
est cette loi, premier grand devoir, disent-
ils, de la République? Il n'y en a point.
Est-ce que les grands hommes d'Etat
républicains ne peuvent pas en faire une?
Peut-être bien. Mais alors pourquoi ne
pas expliquer au peuple la difficulté qui
empêche la fabrication d'une pareille loi, les
mille obstacles qui en entraveraient l'exé-
cution? Pourquoi ne pas parler clairement,
honnêtement aux ouvriers; et leur dire
que la chose est impossible; par conséquent qu'il faut taire ce cri devenu absurde
par lequel, obéissant à un mot d'ordre, ils
réclament une illusion? Cela n'est point
dans les us et coutumes de la République.

Il faut, au contraire, entretenir l'illusion ; il faut, coûte que coûte, tromper le peuple.

On nous dira peut-être : démontrez qu'il y a illusion et tromperie !

Rien de plus facile.

Tout homme est condamné au travail. « Tu mangeras ton pain à la sueur de ton front. » Il y a donc une peine à supporter, un châtiment à subir. Le premier ouvrier venu, le plus humble laboureur de la terre, vous dira que le travail est une peine. La République peut le nier, puisqu'elle nie tout, jusqu'à l'existence de Dieu ; mais le travailleur demeurera convaincu, quand même, que le travail est pénible. Il y a nécessité absolue pour les hommes de travailler, sous peine de mourir de faim, et cette nécessité fait l'essence de la peine. Dieu a imposé l'une et l'autre. Il a fait même plus : il nous a imposé le travail comme un devoir à remplir, ce qui rend le fardeau plus lourd et plus pénible.

Qu'est-ce qu'un devoir ? C'est une dette, quelque chose que nous devons à un autre. Nous devons quelque chose à Dieu, et il faut que la dette soit liquidée d'une manière ou d'une autre. Il est alors évident que l'homme en général, la race tout entière, a fait quelque chose pour mériter cette peine, pour vivre toujours dans la nécessité de la subir, et pour que Dieu lui imposàt une dette à payer. Autrement comment expliquer cette peine, ce devoir, cette dette ? Une simple dénégation n'y répond pas suffisamment, n'en déplaise à l'impiété républicaine, qui, en pareille matière, se retranche derrière « la nature » et ne daigne pas aller plus loin. La nature cependant n'est qu'un code de lois diverses, dont elle ne prétend pas être l'auteur, et trouve que ces mécréants lui font trop d'honneur. Chaque chose a *sa nature,* c'est-à-dire un petit groupe de lois admirablement adaptées à son être. Mais l'existence d'une loi prouve l'existence d'un législateur, puisqu'elle ne peut se créer elle-même. Le législateur qui a fait ce magnifique code de lois que nous appelons la nature, c'est Dieu. Les impies le savent aussi bien que les chrétiens. Ils savent aussi pourquoi Dieu a imposé le châtiment du travail à tous les hommes, mais il ne veulent pas le dire. Je doute fort que la plupart d'entre eux aient la liberté de le dire, puisqu'ils se sont donnés au grand ennemi de Dieu dans je ne sais quelle loge maçonnique.

Nous savons que c'est la désobéissance d'Adam et d'Ève qui nous a valu cette peine, ce châtiment et toute une série de devoirs. La justice de Dieu a condamné l'homme à toutes les conséquences du péché commis.

Mais on n'y voit nulle trace du droit de l'homme au travail. Où et quand ce droit a-t-il pris naissance ? Il y a condamnation et il y a peine, celle-ci très évidente, très palpable, toutes les deux très désagréables, et que l'homme, même le plus farouche républicain, éviterait avec soin, s'il le pouvait. On n'a pas droit à une peine ; on ne réclame pas avec frénésie qu'on a droit à un châtiment. Il n'y a pas même d'imbécile, si fou qu'il soit, capable de crier par les rues qu'il est victime d'une injustice parce qu'on ne le flagelle pas. Peine et droit, ne voyez-vous pas que les deux choses s'entrechoquent et s'écrasent mutuellement ? Et puisque peine et travail ne font qu'un, on n'a droit ni à l'un ni à l'autre, parce qu'on ne peut pas avoir droit à l'un sans avoir droit à l'autre, ce qui serait absurde.

Tranchons un peu plus profondément dans le vif de cette question si mal résolue par la Révolution, et tâchons de découvrir les « droits naturels et inaliénables » de l'homme.

Le point de départ doit être nécessairement l'origine du genre humain, car si l'homme de notre ère a de ces droits, à plus forte raison Adam a dû en avoir dans le Paradis terrestre, exempt qu'il était, dans ce jardin de délices, de toute peine. Il est en même temps clair comme le jour que si le premier homme jouissait de droits naturels et inaliénables, ils lui furent accordés par Dieu, l'auteur de toutes les lois de la nature.

D'abord, si Dieu donnait ces droits, la nature n'y est pour rien. Ce n'était donc pas des droits *naturels* dont jouissait Adam. Or, si la nature n'en a pas donné, ou, mieux, ne pouvait pas en donner au premier homme, il va de soi qu'elle ne peut pas en donner aux autres.

De quels droits jouissait Adam dans son état d'innocence ? A-t-il eu le droit à la vie ? Non. A-t-il eu le droit d'exiger de Dieu la moindre chose accessoire à la vie ? Non, assurément. L'homme ne peut rien exiger de Dieu. Adam avait des priviléges et des devoirs; il n'avait point de droits. Mais un jour, l'inventeur des droits de l'homme, « de toutes les bêtes la plus rusée, » parla à Eve de ses droits: « Tu as droit à ce fruit, manges-en. » Peu de temps après, elle et son compagnon furent chassés du jardin, condamnés au travail et à la mort. C'était la protestation de Dieu contre les droits de l'homme. Dieu parle toujours à l'homme, comme il avait parlé à Adam de ses devoirs, et il a établi son Église pour en perpétuer l'en-seignement. Satan parle toujours comme il parla à Eve, et a chargé la secte secrète, connue aujourd'hui sous le nom de la Franc-Maçonnerie, de propager la doctrine des droits de l'homme.

Il faut dire qu'Adam et Eve comptèrent beaucoup sur les belles promesses de la bête, précisément comme les ouvriers français du dix-neuvième siècle comptent sur les promesses de la Révolution. Heureusement pour la pauvre humanité, Dieu s'en mêle toujours. Le cœur du Créateur des hommes est trop plein d'amour pour nous laisser croupir éternellement dans la fange. Il châtie, il purifie, il relève. Parfois des générations entières lui résistent, hélas ! et se perdent, mais celles qui succèdent goûtent l'inexprimable douceur de sa miséricorde.

Regardez donc ce pauvre Adam chassé du paradis, exilé dans une « vallée de larmes, » condamné à travailler et à mourir. Quels droits a-t-il, et quels droits peut-il transmettre à sa postérité ? Voulez-vous dire qu'il a droit à la peine, qu'il a droit à la mort ? Non, vous ne direz pas cela sérieusement ; mais vous direz que tout homme a droit au travail, ce qui revient au même.

Pensez-vous qu'Adam a eu des droits dans son état d'innocence ? Eh non, pas plus qu'après. Quels droits a-t-il pu

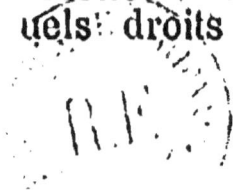

avoir, faible créature, dépendant absolument de la volonté et de la bonté inépui-
sable de Dieu ? Il avait peut-être des
priviléges, mais il n'avait aucun droit. Il
avait le privilége de vivre sans travailler,
sans peine, sans maladie, et à la fin d'aller
au ciel sans trépasser. Voilà de glorieux
priviléges que l'amour de son Créateur lui
avait octroyés. Entre le Créateur et la
créature, la question de droit se résout
absolument en faveur du premier.

Dieu seul a des droits. La créature n'a
que des devoirs. Dieu avait droit à l'adoration, à la reconnaissance d'Adam, dans son
état d'innocence ; il eut toujours droit à ces
mêmes choses après la chute de ce premier homme ; il a toujours le même droit
vis-à-vis de nous autres, et il l'aura jusqu'à
la fin des temps. Dieu n'abdique jamais
ses droits. Dans le plus haut des cieux, il
n'est pas question des droits de la créature
la plus exaltée, la plus rapprochée du
trône du Tout-Puissant ; mais là aussi se
trouve le devoir. Les Anges, les Vertus,
les Puissances, les Chérubins et les Sé-
raphins font leur devoir en chantant les
éternelles louanges de Celui qui les a
créés. Une seule fois, le ciel fut troublé
par cette question de droits imaginaires.
Jusqu'alors, l'enfer n'existait point ; mais
du moment que Lucifer voulut substituer

l'idée de « droits » à celle de « devoirs, »
les abîmes sans fond s'ouvrirent. La révolution de l'ange déchu apporta aux
complices de son crime la mort éternelle,
comme plus tard elle apporta la mort
temporelle, par la même bouche maudite,
à nos premiers parents. Même cause et
mêmes effets.

Quels droits avait donc Adam après sa
chute ? Dieu, par pure compassion, lui laissa
la vie ; c'est tout ce qui lui resta de son
état heureux. Et quand il eut compris que
ses « droits » lui avaient apporté la misère
et la mort, à lui et à toute sa postérité,
croyez-vous qu'il en était fier ? Il comprit
bien, alors, l'illusion et la tromperie dont
il avait été victime. Il comprit qu'il n'avait
droit à rien, pas même au droit de se donner la mort, mais qu'il avait beaucoup de
devoirs. Les « droits de l'homme, naturels
et inaliénables, » avaient fait leur première victime.

II.

Le droit au travail.

Nous sommes la postérité du premier homme. Nous n'héritons que de ce qu'il nous a laissé après qu'il eut perdu le paradis terrestre : la misère et la mort. Triste héritage! Lorsque, par conséquent, le premier article de la célèbre Déclaration des droits de l'homme annonce, avec cet air prétentieux que se donne toujours la Révolution : « Les hommes naissent et demeurent libres et égaux en droits, » elle débite un mensonge. Nous sommes, au contraire, dans la condition d'Adam, sujets à nos devoirs, c'est-à-dire à la volonté de Dieu, sujets également à toute sorte de misères, et enfin à la mort. Nous ne naissons ni ne demeurons libres ni égaux en droits. On a beau dire, l'égalité, dans le sens de la Révolution, est et sera aussi introuvable sur la terre que la pierre philosophale. Il est inadmissible que l'homme puisse s'arroger ce que Dieu n'a pas daigné lui accorder.

On dira peut-être : la question n'est pas

là; il ne s'agit pas de ce que Dieu a donné ou refusé à l'homme ; c'est la société civile qui donne des droits à ses membres, et c'est elle qui proclame que l'ouvrier a droit au travail, puisque c'est elle qui est souveraine et qui fait les lois. En un mot, on va jusqu'à prétendre que la société n'a rien à démêler avec Dieu. C'est une sorte de déesse, comme la République, qui remplace Dieu et perfectionne même ses œuvres.

N'oubliez pas pourtant que cette déesse ne peut pas donner des droits « naturels » ni « inaliénables », qui tombent par conséquent, faute de source, dans le domaine des mythes fantastiques. Cependant, la loi humaine accorde, par la volonté du pouvoir souverain, certains priviléges nullement inaliénables, auxquels l'usage a donné le nom de droits. Il serait oiseux d'analyser cette question ici, puisque le but proposé dans ces pages est de discuter le droit au travail, qu'on dit être naturel, pour déterminer si ce droit existe réellement et quelle est la source d'où il découle.

Il a été démontré plus haut qu'il n'est pas de droit naturel. Reste à savoir si la société peut accorder le droit en question. D'abord, le pouvoir ou l'autorité qui accorde peut retirer ; le législateur peut abroger la loi. Mais un droit doit être une chose qu'on ne peut pas détruire, qui reste, qui est, en effet, inaliénable. Tout ce que l'homme fait est, comme lui, sujet à changer et à dépérir, et quand la loi humaine donne des « droits, » ceux-ci ne sont pas plus immuables que la loi qui les a créés, et que le caprice d'un jour peut rayer le lendemain du code où l'on vient à peine de l'inscrire. Il est donc de toute évidence que ces priviléges auxquels on donne à tort le nom de « droits, » ne sont ni inaliénables ni immuables. La loi humaine, cependant, c'est-à-dire la société civile, trouve là ses dernières limites ; elle est forcée de s'arrêter devant la barrière infranchissable de sa propre impuissance.

Dieu seul peut donner des droits ; mais en ce qui concerne les rapports de l'homme avec son Créateur, il n'y en a que du côté de Dieu, qui a droit à l'adoration et à l'obéissance de sa créature. Vis-à-vis de Dieu, l'homme ne peut rien réclamer comme de droit, ni la vie ni l'air qu'il respire. Cependant l'homme a des droits réels, immuables, inaliénables vis-à-vis de son prochain, que chacun est tenu à respecter. La loi humaine ne peut jamais aliéner ces droits, qui sont de source divine. Le père de famille a droit à l'exercice de son autorité, à l'obéissance de ses enfants. Son droit de les élever dans la crainte de Dieu est aussi indiscutable que celui de jouir du produit du travail de ses mains. Tout homme a le droit de faire le bien, d'obéir à Dieu et à sa conscience, plutôt qu'aux hommes, mais non pas selon ses caprices, car le bien n'est point une affaire d'opinion, mais une chose très clairement définie et enseignée par l'Eglise constituée à cet effet par Dieu pour éclairer la société civile. Sans énumérer tous les droits de cette nature, appartenant tous à l'ordre moral, il est facile de comprendre qu'ils sont absolument indépendants de la volonté changeante des hommes, de la société et de ses lois; qu'ils sont par conséquent *les seuls* immuables et inaliénables, et que vis-à-vis de Dieu ils prennent le nom de DEVOIRS. La société se soulève souvent contre ces droits et ces devoirs, déclarant avec cette effronterie sacrilége et déraisonnable qui est le propre de la Révolution, que l'État prime même les droits de Dieu!

Mais l'Etat, dira-t-on, a des droits incontestables, aussi immuables et inaliénables que les autres. Il a droit à l'obéissance des citoyens ; il peut leur imposer des lois, les contraindre au service militaire, exiger d'eux des impôts, etc.

Entendons-nous. L'Etat n'est pas un cabinet de ministres, n'est pas un parlement, n'est pas une administration. Tout cela ne constitue que les accidents de l'Etat, dont tous ces personnages ne sont que les serviteurs, nullement les maîtres, ayant chacun des devoirs particuliers et d'Etat à remplir, inséparablement liés, n'en déplaise à l'hérésie libérale. Tant qu'ils restent au pouvoir, ils ont la force publique à leur disposition pour exercer le *droit* appartenant *à l'État*, non pas à eux, de contraindre les citoyens à l'observance des lois. Les « droits » des serviteurs de l'État se bornent à ces devoirs. L'État, c'est la société, c'est la nation tout entière, composée d'individualités qui ne peuvent pas se démettre de leurs devoirs envers Dieu et le prochain. Dieu a fait les nations : c'est la famille sur une plus grande échelle. Il a donné son Evangile à celle-là aussi bien qu'à celle-ci, et le Décalogue est aussi obligatoire pour la collectivité qui s'appelle société que pour chacun des membres. Par conséquent, l'État ou la société a des devoirs. La protection de chaque membre de la famille nationale contre la violence ou l'injustice d'autrui en est le premier. Le prétendu « droit » de faire la guerre à tout propos trouve ses justes limites dans ce devoir primordial. Certes, chaque société a le droit de se défendre contre l'ambition malsaine, contre tout ce qui pourrait être une cause de décadence ou de destruction, puisque Dieu a voulu que chaque groupe, chaque nation, restât sur le sol qu'il lui a assigné en partage, en pleine possession de son indépendance et de ses traditions distinctives, jusqu'à la fin des temps.

Dieu est notre Père, à nous tous : chaque famille, chaque nation lui donne ce titre ; il est par conséquent l'autorité suprême, et il a un droit absolu à ce que tous les hommes s'inclinent devant sa volonté et son autorité. Le roi, qui est le chef, représente cette volonté et cette autorité ; il est père de la grande famille nationale ; il doit obéissance à Dieu, c'est son devoir comme homme et comme chef; les enfants de la famille, ses sujets, lui doivent respect et obéissance, parce qu'il représente, comme tout père de famille, l'autorité de Dieu.

Toujours des devoirs: devoirs du chef envers chacun de la famille; devoirs de celle-ci envers le chef. L'État, par conséquent, n'est pas une abstraction indépendante de tout bien, irresponsable, réclamant toute sorte de droits, repoussant toute notion de devoir, une espèce de monstre imaginé par le libéralisme, si fécond en choses monstrueuses.

Nous avons vu que Dieu a donné des droits au père de famille, par rapport aux enfants, et que ceux-ci ont droit à la protection de la part du père; tandis que des deux côtés il y a des devoirs réciproques, inséparablement liés aux droits, l'un n'existant jamais sans l'autre, un devoir faisant toujours pendant à un droit. C'est ainsi que Dieu a constitué la société. Si nous voyons autre chose aujourd'hui, c'est que les hommes menés par la Révolution se croient capables d'inventer d'autres principes, très supérieurs, pensent-ils, à ceux que la sagesse infinie a jugés seuls capables de servir comme fondements de la société humaine.

Or, ce prétendu droit au travail n'existe qu'à l'état de rêve dans le cerveau des doctrinaires maçonniques. De quel droit forcerait-on le patron à donner du travail ? Il est aussi libre que l'ouvrier; sinon il y a longtemps que la société civile aurait cessé d'exister. D'une autre part, le patron n'a aucun droit ni au temps, ni au labeur, ni à la sueur de l'ouvrier. C'est une affaire d'entente, de convention, de contrat. Suivant le contrat, tous les deux ont des droits réciproques devant la société; en cela, ils sont et ont toujours été égaux devant la loi. Le contrat donne à l'ouvrier droit à son salaire, au patron le droit d'exiger que l'ouvrier travaille, et de le congédier au cas où il le juge nécessaire. L'ouvrier est, de son côté, toujours libre de se choisir un autre patron; mais jamais il n'a eu la liberté ni le droit de lui dire : il faut que je travaille chez vous, parce que c'est mon droit ! Cependant c'est précisément ce langage absurde et impraticable que la Révolution met dans la bouche de l'ouvrier.

Et puis, à ces droits réciproques qui ont leur origine dans le contrat entre le patron et l'ouvrier, il y a des devoirs attachés, comme il arrive toujours, envers Dieu et le prochain. Chaque partie contractante est obligée en conscience de faire de son mieux pour que le contrat soit bien rempli. C'est un devoir sacré de travailler pour soi, pour sa famille, pour ceux qui dépendent de nous et pour les pauvres. Dieu est là pour prendre note. Il y a sans doute de mauvais patrons, comme il y a de mauvais ouvriers; mais c'est leur affaire; chacun rendra compte de ses actions, car il y a bien des injustices, des tyrannies et des vengeances de part et d'autre qui échappent complètement aux yeux de la justice humaine. Ce n'est pas une raison pour que l'on s'évertue à bouleverser toute la société, sous prétexte qu'elle est assise sur de faux principes, qu'il faut ou abolir ou réformer. Que l'on sache que ces principes sont éternels comme Dieu, aussi difficiles à abolir et aussi irréformables que leur divin auteur.

III.

La guerre sociale.

Sans la paix, il n'y a sur cette terre ni bonheur, ni prospérité, ni pain. Il importe donc à l'homme d'agir en sorte qu'il ait la paix. La guerre, cette chose mystérieuse que la masse des hommes ne semble pas bien comprendre, étant destructive de la paix, tout ce qui la produit, tout ce qui sème la discorde est un ennemi du genre humain. La doctrine monstrueuse que nous venons d'analyser : le droit de l'ouvrier au travail, met la discorde entre diverses classes de la société et engendre la guerre, mais la pire de toutes : la guerre civile. L'auteur de cette doctrine est donc l'ennemi de l'homme.

Cet auteur, qui prend divers noms, qui s'appelle tantôt la Révolution, tantôt la Franc-Maçonnerie, tantôt la République, déploie ici une certaine habileté, pour ne pas perdre sa néfaste influence. Cet ennemi de notre race n'est pas, soit dit en passant, une simple opinion, mais

l'inspiration d'un être réel et puissant,
ayant une existence personnelle; cet ennemi répond qu'il est vrai qu'il suscite la
guerre entre les diverses classes de la
société, parce qu'il faut, dit-il, que les classes disparaissent, pour faire place à l'égalité : pour cette raison, il faut détruire la
société de fond en comble afin de la réformer.

Les révolutionaires y applaudissent,
sans se donner la peine de réfléchir que
si la société disparaît, il est de toute
nécessité que les éléments qui la com-
posent disparaissent. Détruisez les hommes,
et vous détruisez la société. La destruction
de celle-ci ne peut être obtenue qu'à ce
prix. Si vous commencez par massacrer
les classes, vous tuez très effectivement
la société, dont tout individu est partie
constituante. Ceux qui rêvent cette destruction sociale se consolent peut-être à la
pensée qu'ils surnageront et survivront
pour jouir de l'égalité, qui alors seulement
aura droit de cité. Mais quelle est donc
la classe qui triomphera de toutes les
autres, qui restera seule debout sur le
champ de carnage, je ne dis pas champ
de bataille, car il est entendu que les
autres se laisseront égorger sans faire la
moindre résistance ! On ne saurait dire au
juste laquelle resterait victorieuse, car il

est matériellement impossible qu'une société humaine existe sans qu'elle se subdivise, se *stratifie*, se range dans des couches superposées l'une à l'autre. Pour arriver à l'égalité rêvée par les ennemis de leur race, il faudrait commencer, non pas par des massacres insensés, mais par anéantir les instincts de notre nature, par décréter l'abolition de l'orgueil qui est au fond de tout cœur hnmain et qui se révolte de l'idée d'égalité avec celui qu'on méprise.

Est-ce que la Révolution, la Franc-Maçonnerie ou la République prétendent pouvoir faire cela ? Quant à prétendre, c'est possible : elles ont tant de prétentions ridicules et trompeuses. La société humaine est comme une corbeille de fruits : il y a toujours le dessus et le dessous, et ce n'est pas le plus beau qui est le dessous. Personne ne veut être de cette dernière catégorie. Demandez au premier voyou que vous rencontrez ce qu'il pense d'un tel autre du même acabit : il vous dira que c'est un voleur, un vaurien, plus bête qu'une poule ; il le méprise. L'égalité entre eux n'est pas admise pour un seul instant. Nous avons tous la prétention d'être, ne fût-ce qu'un peu, supérieurs ou meilleurs que la plupart de nos connaissances. Or, si la Révolution ne peut remédier à tout cela,

elle ment et trompe quand elle prêche
l'égalité et pousse ainsi à la guerre civile.
Par conséquent, elle est l'ennemie de
l'homme. Elle déclare la guerre à tout ce
qui contribue à former la société : d'a-
bord à Dieu qui l'a formée, à la famille,
à la propriété, aux classes, aux priviléges,
à l'industrie, à l'argent, même au travail.
Dans sa haine contre la race humaine, elle
fait descendre l'homme d'un singe, elle
lui dit qu'il n'a pas d'âme, qu'il n'y a pas
de ciel, qu'il n'y a pas d'enfer, qu'il n'y a
pas de vertu, que le vice n'est pas hon-
teux, qu'il n'y a pas de Dieu, qu'à la mort
tout est fini ; et la foule suit son ennemie
mortelle et boit à la coupe pleine d'abo·
minations qu'elle lui présente.

Cependant on ne prétend pas que ce soit
la Révolution qui fait pousser l'herbe, qui
fait germer le blé et couvre les riantes
vallées de ces gerbes dorées, gages de
paix et d'amour, qui nous donne le pain,
cette nourriture bénie, la seule qu'aucun
être vivant ne refuse. Elle offre, au contraire, des serpents et des pierres, et la
foule la suit toujours et l'admire. Elle ne
parle jamais que de massacres ; elle aime
à allumer des incendies pour éclairer les
salles de ses festins; elle n'a qu'un senti-
ment : la haine ; le blasphème à la bouche,
elle crache sur tout ce qui respire l'amour ;
le drapeau qu'elle arbore a été trempé

dans le sang le plus pur ; le chant par lequel elle outrage la solennité de la nuit, invite à l'assassinat ; au pauvre qui demande l'aumône à sa porte, elle donne un poignard ; à l'ouvrier elle dit : votre ennemi, c'est votre patron ; à celui-ci : votre frère, le bourgeois, conspire votre ruine ; au bourgeois, elle crie : ce qui vous écrase, c'est le prêtre, c'est le moine ; l'ennemi, c'est le cléricalisme. A tous elle dit : adorez-moi, moi l'ami du peuple : le vrai Dieu ; il n'y en a pas d'autre. Et le peuple s'empresse de la suivre toujours et de l'adorer ! Elle a des journaux innombrables, de toutes les nuances révolutionnaires, du libéralisme le plus doucereux et le plus « constitutionnel » pour les modérés, jusqu'aux *Père Duchesne* et une foule de petites feuilles pestifères pour les « avancés. » On n'a qu'à jeter un coup d'œil sur une de celles-ci pour constater que, loin d'être exagéré, le portrait est au-dessous de la vérité.

La Révolution est donc la discorde, l'ennemie de la paix, l'ennemie du pain, l'ennemie de la prospérité et du peuple. Puisque c'est Dieu qui a fait la société, les hommes sont impuissants à la changer, car, pour cela, comme il a été dit plus haut, il faudrait ôter du cœur de l'homme tous les instincts de sa nature. Le lien de la société c'est la charité, c'est l'amour. La Révolution est la haine brutale, implacable. Ennemie de toute la race humaine, elle s'acharne tout particulièment contre la France pour la déchristianiser, parce que la France chrétienne est comme une lumière sur une montagne. Il n'y a pas eu de nation plus favorisée de Dieu, appelée à une plus haute vocation, que la nation française. Si Rome est la mère de la chrétienté, la France en est le berceau. Elle nourrit ses plus généreux serviteurs, cette race forte qui marche à la conquête des âmes dans toutes les régions du monde, et donne son sang pour semer l'amour de Dieu et du prochain parmi les hommes. C'est en France que saint Dominique, quoique Espagnol, remporta toutes ses victoires sur le même vieil ennemi de notre race. C'est en France que saint Ignace, Espagnol aussi, fonda la chevalerie de la Très-Sainte Mère de Dieu. Le royaume du Sacré-Cœur de Jésus sur la terre, c'est la France. Le royaume de Marie, trois fois sainte, c'est encore la France, tant de fois effleurée de ses pieds bénis. La France, c'est la terre des bénédictions et des miracles. Par conséquent, la Révolution s'est donné la tâche de la détruire, d'abord par ses séduction mensongères, ensuite par la colère et les malédictions de Dieu, appelées sur la tête de ceux qui suivent et adorént la Bête. C'est aux Français d'y prendre garde, car la Révolution a juré la perte de la fille aînée de l'Eglise.

———

IV.

L'Egalité révolutionnaire.

Peut-on se figurer quelle sorte de société on aurait si la Révolution, sous n'importe quel nom, l'emportait définitivement ? Une nation sans croyance en Dieu, sans églises, sans l'institution de la famille ; soumise à je ne sais quelles lois ; privée de la possession de la terre natale ; n'en jouissant qu'avec la permission d'un « gouvernement » indéfinissable ; ayant « droit au travail, » octroyé par ce que la Révolution appelle l'État, mais travail obligatoire, sans répit et sans merci ; point d'indépendance, hommes, femmes et enfants appartenant à l'État, des serfs ; et plus tard qu'est-ce qui empêcherait l'État de vendre l'excédant de la population ? Rien, à moins que ce ne fût la difficulté de trouver un marché pour ces esclaves dégradés à un degré inouï dans l'histoire du monde ; car les païens de l'antiquité eurent leur système religieux, admirent le mariage, la famille, les droits du père sur ses enfants ; la société

d'alors, en un mot, avait une sorte de res-
semblance avec la nôtre. Mais la Révolution ferait table rase autant que possible,
de tout ce qui distingue l'homme des bêtes.

La Révolution, c'est la Franc-Maçonnerie. Il n'y a pas à en douter. La thèse
a été démontrée, tout récemment, par des
écrivains d'un mérite exceptionnel, auto-
risés par leur capacité et leur savoir à
faire ce travail. Il y a même les aveux des
auteurs révolutionnaires et francs-maçons,
qui écartent très franchement tout doute là-
dessus. On peut citer, par exemple, M.
Louis Blanc, un orateur qui se connaît
en révolution et en franc-maçonnerie.
Dans son *Histoire de la Révolution française*, surtout au chapitre intitulé : *Révolutionnaires mystiques*, quoiqu'il ne dise
pas en toutes lettres que les deux choses
n'en font qu'une, il expose les rapports entre elles, d'une nature tellement intime que
l'identité des deux reste bien acquise.
Il dit : « A la veille de la révolution, la
franc-maçonnerie avait pris un immense
développement. Disséminée partout en Europe, elle secondait le génie méditatif de
l'Allemagne, agitait sourdement la France
et offrait partout *l'image d'une société fon-
dée sur des principes opposés à ceux de la
société civile.* » Il explique ensuite « les
bases démocratiques » de la franc-ma-

çonnerie, et entre dans les détails des ordres secrets, émanant des loges, qui mettaient en mouvement les assassins et toute la force morale et matérielle de la révolution. Or, nous en sommes précisément là, en France, en ce moment-ci, mais avec cette différence notable que la révolution compte un élément de plus, l'Internationale, qui est une franc-maçonnerie à ciel ouvert.

V.

L'Internationale.

Est-ce que l'Internationale a fait le bonheur de la classe ouvrière ? Elle existe depuis quinze, peut-être vingt ans, et aujourd'hui on constate, comme résultat de ses opérations, une guerre plus âpre entre les ouvriers et les patrons, un dépérissement général des affaires et une misère beaucoup plus accentuée. La classe ouvrière française oublie le mal immense que lui fit la Révolution française, par la destruction des corps des métiers, qui jouissaient, avant 89, de la liberté, et procuraient à l'ouvrier et au patron des bienfaits inconnus de nos jours. Que l'ouvrier compare les anciennes et vraies libertés de l'époque anti-révolutionnaire aux amères illusions nées de la Révolution. Il ne faut pas une grande dose d'intelligence pour déterminer de quel côté se trouvent ses véritables intérêts. Et bien, l'Internationale, la Révolution, la Franc-Maçonnerie signifient la même chose et poursuivent le même but : la destruction de la société, c'est-à-dire de l'ouvrier, tout aussi bien que de ceux qui ont besoin de son travail. Ceci a été déjà dit plus haut, mais c'est une chose à redire cent mille fois, jusqu'à ce que tous les échos puissent le répéter, tous les vents le murmurer à l'oreille de chaque enfant de la France.

Laissons maintenant à une plume plus autorisée la tâche de tracer un tableau de ce que l'Internationale prépare à la classe ouvrière, et de démontrer que cette prétendue amie du peuple est sa pire ennemie ; car il est absolument nécessaire, dans une époque où, plus que jamais, on pousse les ouvriers, les bourgeois, même les paysans, à grossir les rangs de la franc-maçonnerie, que l'on sache où l'on va.

Oui, le monde moderne (les « idées modernes ») a vaincu ! (1). Il est parvenu à rayer
de nos institutions, de nos codes, de notre
enseignement public, la belle devise que
l'Eglise y avait écrite : *Christus vincit,
Christus regnat, Christus imperat.* A sa
place sont les mots : Liberté, Egalité, Fraternité. La société tout entière se prosterne
devant ces trois mots. C'est là le nouveau
Bafomet (2) que la secte anti-chrétienne a
réussi à imposer au monde, et l'univers
tout entier l'accueille, l'acclame, l'encense.
Mais derrière cette idole se trouve la même
puissance qui était derrière celle des Templiers : Satan. Dans le monde créé de Dieu,
peuplé par des hommes faits à son image,
il s'est élevé un autre monde où pullulent
des hommes portant l'empreinte du grand
ennemi de Dieu.

------

(1) Les pages suivantes ont été prises dans un
très intéressant ouvrage intitulé : *Storia della
setta Anticristiana*, en deux petits volumes,
imprimé à Florence en 1871, par l'auteur, M. J.-E.
de Camillo, fondateur et rédacteur en chef du
journal romain *Rome*.

(3) L'idole qu'adoraient les Templiers lorsqu'ils
tombèrent dans la Maçonnerie.

Si cela est, la création et la rédemption du monde, ces deux œuvres sublimes du Tout-Puissant, se trouvent contrecarrées. On applique à notre époque, avec beaucoup d'à-propos, la vision de l'Apocalypse où la destruction du monde, décrétée, semble être suspendue, par ordre suprême, grâce à un dernier acte de la miséricorde divine envers la famille humaine (1). Les anges s'appliquent à présent à choisir, compter et marquer les élus. On verra encore une trêve : on verra une des sept têtes de la bête, c'est-à-dire de la secte anti-chrétienne, mortellement blessée ; mais l'abus du libre arbitre ne sera que trop impatient de contraindre la main de Dieu à en opérer la guérison.

En attendant, le mouvement vers le cataclysme s'accentue ; chacun peut s'en convaincre. L'ordre des Francs-Maçons, si vaste et si étendu, ne peut plus recevoir dans ses loges tous les adorateurs du monde moderne ; on a par conséquent créé une autre secte plus vaste encore, qui couvre le monde entier, que les places publiques, les champs même, suffisent à peine à contenir. Cette nouvelle secte, fille légitime de la Franc-Maçonnerie, c'est l'*Internationale*, adoratrice publique de l'idole qui a nom Liberté, Egalité, Fraternité.

La manifestation ouverte de cette nouvelle secte anti-chrétienne, dont beaucoup dans

---

(2) Apocalypse, ch. VII.

les loges ignoraient même l'existence,
l'échantillon qu'elle donna d'elle-même dans
le peu de temps que dura son pouvoir à
Paris, jeta du désarroi dans les rangs de la
Franc-Maçonnerie. Une partie de celle-ci ne
put pas cacher ses terreurs ; une autre
partie, celle composée des fanatiques disposés à soutenir jusqu'à la dernière extrémité
les principes qu'ils professent, adhéra à
l'*Internationale*, seconda et applaudit à ses
efforts. Les *quelques-uns* de saint Paul (1),
les *instruits* de Daniel (2), les inconnus qui
dirigent la révolution sociale ne peuvent
rien lui opposer. Les dissentiments, très
grands et profonds, qui règnent dans les
loges n'empêcheront certes pas la révolution.
Les théories que la secte anti-chrétienne a
développées pendant de longues années,
sans avoir rencontré la moindre entrave de
la part des gouvernements, n'ont trouvé
aucun obstacle à leur mise en pratique,
autre que de la main de Dieu, toujours
plein de pitié envers le genre humain, toujours très patient à en attendre le retour,
l'amendement. Maintenant cette main se
retire, lassée du long et fol aveuglement
des hommes à qui le sort des nations a été
confié. Les disputes qui ont lieu dans les
ateliers maçonniques n'empêcheront rien :

---

(1) Epître I à Timothée, chap. IV, VI.

(2) Prophéties de Daniel, chap. XII, V. 10,

le vicaire de Jésus-Christ spolié, l'*Internationale* ne tardera pas à piller les puissants
et les riches.

Plusieurs écrivains érudits et clairvoyants
se sont déjà disposés à l'œuvre, digne de
tout éloge, d'étudier cette nouvelle manifestation de la secte anti-chrétienne; mais
jusqu'ici nul d'entre eux semble n'avoir
réussi à toucher au but ; et cela par la
raison que si l'on ne connaît pas toutes les
procédures de l'action diabolique sur le
genre humain, il est impossible de se ren-
dre parfaitement compte de ce que peut être
ce dernier rejeton de la maçonnerie. Puisque l'*Internationale* s'intitule gardienne des
intérêts de l'artisan, la plupart des hommes
l'ont considérée comme une société coopéra-
tive n'ayant d'autre but que celui de mieux
équilibrer les relations entre le capital et le
travail. Les hommes d'Etat, autant qu'on en
peut juger, sont tous dans cette illusion,
et avec eux les publicistes. Il y a là une pro-
fonde erreur, de laquelle cependant nous
serons tous bientôt détrompés. Les ouvriers
sont l'armée de la nouvelle société, comme
étant la classe la plus nombreuse, plus
serrée dans les grands centres et plus facile
à discipliner entre toutes les classes indi-
gentes ; mais l'*Internationale* a pour objet
d'incorporer, en une très vaste coalition,
les pauvres du monde entier, pour les exci-
ter à une guerre contre les riches. Les
incendies, auxquels on a déjà recours, ne
sont qu'un des premiers moyens agressifs
mis en avant par elle pour diminuer la

force et la puissance de ceux qui possèdent. Il n'y a, dans un incendie, de bénéfice ni pour le riche ni pour le pauvre ; mais l'*Internationale* y voit de grands avantages, parce que *cela engendre des malheureux*, et ces malheureux sont naturellement *portés à tomber dans ses filets*, par l'espérance qu'elle leur inspire d'une prochaine délivrance.

Quiconque étudie avec tant soit peu d'attention la courte période historique pendant laquelle cette société fut maîtresse de Paris, n'aura pas grande peine à partager cette conviction. Où a-t-on jamais vu ces perturbateurs s'inquiéter du sort de l'artisan ? *Quel décret de la Commune de Paris vise à une condition sociale plus avantageuse pour cette classe ?* Le règne de la Commune fut court et torturé par la nécessité de faire la guerre ; mais les chefs auraient pu facilement rédiger quelque document en faveur de la classe artisane, pendant toutes ces heures qu'ils s'occupèrent à préparer l'embrasement des monuments publics. Il y eut plusieurs artisans parmi ceux qui composèrent le gouvernement de la Commune, mais ils se montrèrent socialistes comme les autres, c'est-à-dire ennemis de la société, et pas autre chose.

Une très abondante collection de leurs discours, programmes et décrets a été recueillie et examinée. On peut aller jusqu'à affirmer que si aujourd'hui tous ceux qui possèdent voulaient s'entendre avec cette Société en abandonnant à la classe artisane la moitié de leurs biens, l'*Internationale* n'accepterait pas : celle-ci veut tout avoir, et travaille pour devenir maîtresse du monde. Il est hors de doute qu'elle flatte les ouvriers et les organise en compacte phalange, afin de les retenir, se disant préoccupée de leurs intérêts ; mais cette sollicitude ne leur est pas limitée et *ne s'exerce pas dans le sens de vouloir arriver à en améliorer la condition* ; c'est plutôt dans le sens politique et social qu'il faut la comprendre, c'est-à-dire avec le dessein de détruire de fond en comble l'ordre religieux, social et politique qui subsiste, pour y substituer un autre qui réponde mieux aux trois mots, pris au sens diabolique : Liberté, Egalité, Fraternité.

Voici le programme de l'*Internationale*, tel qu'il nous est révélé dans un grand nombre de documents secrets et dans certains discours, moins voilés, des adeptes :

1º Abolition de tout culte ;

2º Abolition de toute monarchie ;

3º Abolition de toute propriété ; les biens doivent devenir propriété de l'Etat, qui distribuera à chacun, comme aux anciens esclaves, de quoi se nourrir.

4º Abolition de la famille. L'homme pourra choisir une compagne et vivre avec elle tant que tous les deux y consentiront. Le consentement mutuel venant à cesser, tout lien se brise, et la femme s'en retourne

aux grands lupanars de l'Etat. Lés enfants
sont nourris, maintenus, élevés aux frais
de l'Etat, sans connaître ni père ni mère.
Ils deviennent enfants de l'Etat, comme
l'homme est homme de l'Etat, comme la
femme est femme de l'Etat. Si on n'agis-
sait pas de cette manière, il se pourrait
bien que la tendresse paternelle amenât
quelqu'un à parler, un jour, à voix basse, à
sa propre progéniture, d'un seul Dieu en
trois personnes. Et on ne tolèrera pas qu'on
parle de la sorte. Telle est donc la liberté,
la fraternité et l'égalité que Satan prépare
au genre humain depuis environ six mille
ans, au moyen de la secte secrète, et que
l'*Internationale* a résolu de mettre en pratique.

On comprendra que pareille perspective
ne sourit pas à tous, pas même à tous les
adeptes de l'*Art royal*; cependant ceux-là
mêmes ne sauraient nier qu'elle ressort di-
rectement de leurs propres doctrines; force
leur est donc de l'accepter. C'est là la dernière visée et la mise en pratique des Manichéens. Certes, il y a quelque différence
entre parler théoriquement, d'une part, dans
une loge, d'une révolution sociale complète,
et la voir, d'une autre, mise brutalement en
pratique, à notre grand malheur; mais la
logique a ses lois et ses exigences : celui qui
a depuis longtemps développé et propagé
les théories anti-sociales ne saurait se plain-
dre si elles cherchent à se faire un chemin.
Si on n'est pas content du vieux monde créé
et gouverné par Dieu et son Décalogue, il

faut accepter le monde moderne créé par
Satan, avec le nouveau décalogue de l'*Internationale*.

Ne croyez pas que dans le programme de
cette association il y ait quelque chose de
nouveau ; le vieil ennemi du genre humain
a déjà fait plusieurs efforts pour lui donner
force de loi. Non dissemblables des lois
que l'*Internationale* veut nous imposer,
furent celles que Lycurgue introduisit à
Sparte, celles qui régirent l'esclavage du
monde païen, celles que les anabaptistes.
Manichéens des XV° et XVI° siècles, établirent dans les pays par eux conquis, et celles
que les sectaires de la Révolution française méditèrent sérieusement et qu'ils
eussent mises en pratique si la Providence
leur en avait laissé le temps. On trouvera
les mêmes idées, condensées dans ce programme de l'*Internationale*, dans les doctrines prêchées par les franc-maçons Babœuf, Fourier et Cabet (1).

---

(1) Les doctrines de Babœuf et le nombre de
ses adhérents inspirèrent tant de peur au Directoire (1796), que l'ordre fut donné au général
Bonaparte de dissiper leur assemblée, dite du
Panthéon. Maréchal, collègue de Babœuf, écrivit :
« Périssent les sciences et les arts, pourvu qu'il
nous reste l'égalité... La révolution française n'est
que l'avant-garde d'une autre révolution plus
grande, plus solennelle, et qui sera la dernière...»
C'est cet autre que l'Internationale maçonnique
prépare. Grâce au général Bonaparte, la *Consti-*

Comme on le voit, il est question ici de toute autre chose que du sort des ouvriers et de leurs plaintes plus ou moins fondées. Ces malheureux qui forment l'immense troupeau des sectaires aux ordres de ces

---

tution Babœuf n'est pas perdue, et on y lit : « Les dettes publiques et privées sont abolies ; l'argent monnayé est supprimé ; le commerce est supprimé ; le droit de tester est aboli ; l'État absorbe tout, » etc., etc. D'autres articles portent extermination complète de ceux qui possèdent.

Fourier se proposa la distribution de toute la société humaine en groupes d'environ 2,000 personnes, qui seraient logées dans des bâtiments qu'il appelait *phalanstères*. Chacun y suivait son penchant naturel, sans aucun frein. Le fouriérisme comptait plus de 400,000 adhérents en 1846. Ils avaient un journal républicain, à Paris, intitulé : *La Démocratie pacifique.*

Cabet donna le nom d'*Icarien* à la même chose, car il n'y a que les noms qui changent. Il avait pour principe : chaque citoyen et homme public doit être nourri et maintenu aux frais de l'État. Est-ce que M. Louis Blanc n'a pas prêché la même doctrine ? Et Proudhon ? Il a été très bien remarqué que si Babœuf fut une des causes de l'élévation au pouvoir de Napoléon I⁰ʳ, il est incontestable que Proudhon, héritier des idées babouvistes, fut une des causes de l'avènement de Napoléon III. Le libéralisme, les « idées modernes » avaient laissé couver toutes ces horribles doctrines, qui se montrèrent ouvertement et impunément. Napoléon III n'a fait qu'imiter l'indulgence coupable de ses prédécesseurs, branche aînée et branche cadette, et tous furent châtiés. L'expiation dure encore.

francs-maçons qui sont à la tête de l'*International*, se contenteraient, pour la plupart, de devenir riches et mettre ainsi fin à toute lutte. Mais *les capitaines de la secte ne le leur permettraient point.* Ceux-ci veulent, à leur tour, que tous les riches deviennent pauvres, parce que c'est ainsi que l'exigent la liberté, la fraternité et l'égalité diabolique. Et rappelons-nous que Jésus-Christ a dit : Il y aura toujours des pauvres, jusqu'à la fin du monde ; mais il n'a pas dit qu'il y aura toujours des riches. Si Dieu a voulu réduire en affreuse servitude le peuple choisi de l'ancienne loi, pour le châtier, il ne paraît pas tout à fait contraire aux dispositions, toujours admirables, de sa Providence, qu'il fasse subir aux chrétiens, en punition de leur apostasie, le barbare esclavage du dieu Etat. Ce serait une réponse très digne, de la part de Dieu, à l'outrecuidant orgueil de la raison humaine : Vous ne voulez pas être libres avec Jésus-Christ, soyez esclaves avec Satan.

L'œuvre de la secte anti-chrétienne, dans ses deux ramifications actuelles, la Maçonnerie et le Spiritisme, nous conduit infailliblement à cette terrible épreuve. Ne croyez pas que ce soit là une opinion isolée ou irréfléchie : tous les hommes intelligents qui se sont appliqués à l'étude de ces deux ramifications de la secte ont affirmé les mêmes conclusions. *La Civiltà Cattolica,* après un examen approfondi des doctrines spiritistes, conclut, il y a plusieurs années,

que le spiritisme n'avait d'autre but que de préconiser le règne du communisme et du socialisme, résumant comme il suit l'enseignement et les aspirations de cette nouvelle secte : « Toutes les anciennes institutions sociales, politiques et religieuses, vouées à la destruction . . . .
. . . . Un seul devoir s'impose à tous les hommes : d'assouvir tous les appétits et toutes les passions. » (*Civ. Cattol.*, 2ᵉ série, vol. II. 1853.)

Conclusion.

On fait beaucoup de bruit à propos des
« idées modernes », que l'on dit infiniment supérieures à celles du moyen-âge,
par exemple. Heureusement pour la race
humaine, on n'est pas encore parvenu à
les mettre toutes en pratique. On en jouira
peut-être dans une société encore plus
moderne que la nôtre, quand le « progrès »
et le libéralisme auront porté tous leurs
fruits, et que ces fruits auront, pour
ainsi dire, mûri sous le soleil républicain.
On y marche, c'est vrai ; l'arbre, le mancenillier de la secte, étend ses branches
et couvre la France de ses ombres ténébreuses ; et la sève monte toujours, la
sève qui est la haine de Dieu et de l'âme
immortelle de l'homme. Mais un autre arbre se dresse en face du mancenillier, une
autre sève monte toujours dans ses vieux
bras étendus pour embrasser le monde
entier. Les anges le gardent sans oser
même y toucher, car la gloire du Ciel l'entoure et s'y repose. La France chrétienne
est à ses pieds, et pour ma part, j'espère
et je crois. *La France se rétablira parfai-*

tement, elle sera refaite, a dit de Mais-
tre (1). Je le pense aussi ; la lumière qui
tombe sur la face relevée, arrosée des
pleurs de celle qui prie, à genoux, aux
pieds de cet arbre-là, me dit que sa prière
sera exaucée. Mais qu'elle reste là toujours, car là est le salut ; de là seulement viendra le triomphe.

___

(1) Lettre du 28 mai 1819

www.ingramcontent.com/pod-product-compliance
Lightning Source LLC
Chambersburg PA
CBHW071010280326
41934CB00009B/2245